Traumtheorie

Eberhard Blanke

Traumtheorie

Eberhard Blanke

Inhalt

Vorwort

Die im folgenden entworfene Traumtheorie versammelt vier Texte.

Zum einen handelt es sich um den bereits an anderer Stelle veröffentlichten Text „Träume(n) – Zehn Thesen"[1], der hier in leicht überarbeiteter Fassung vorliegt.

Zum anderen ist ein Beitrag abgedruckt, der insbesondere auf den unüberbrückbaren Graben zwischen Wahrnehmung bzw. Bewusstsein und Kommunikation eingeht. Dabei wird deutlich, dass sich Traum*bilder* oder -sequenzen nicht eins-zu-eins in Traum*texte* übersetzen lassen.

An dritter Stelle steht ein Aufsatz, der die Traumdeutung Sigmund Freuds in den Kontext einer allgemeinen Hermeneutik stellt, und der vierte Text wagt eine ergänzende Besprechung der Freudschen Traumdeutung unter Bezugnahme auf die Unterscheidung von latent/manifest.

Für den Träumenden stellt sich der Zusammenhang zwischen den geträumten und den notierten Träumen sowie zwischen diesen beiden und einer Theorie des Traums leichter her als für den unbeteiligten Leser. Folglich mag der Leser sowohl die theoretischen Erläuterungen als auch die empirischen Notizen an seinen eigenen Träumen erproben.

---

[1] Blanke, Eberhard (2017): Träume(n) – Zehn Thesen. In: Blanke, Eberhard: Systemtheoretische Beobachtungen I. Norderstedt, S. 165-174.

Träume(n) – Zehn Thesen

1. Die folgenden Überlegungen gehen von der kommunikativ getroffenen Unterscheidung zwischen Kommunikation und Bewusstsein aus. Zugleich wird der Unterscheidung von Kommunikation und Bewusstsein die Unterscheidung von System und Umwelt orthogonal zugesellt. Dies bedeutet, dass sich beide Seiten beider Unterscheidungen aufeinander relationieren lassen. In diesem Falle heißt das: Kommunikation und Bewusstsein sind sich gegenseitig System und Umwelt, sodass man die Schematik erhält: Kommunikation operiert als ein autopoietisches System im Gegenüber zu ihrer Umwelt, in der sie Bewusstseinssysteme vorfindet, sowie: Bewusstseine operieren als autopoietisch geschlossene Systeme, die in ihrer Umwelt das System der Kommunikation vorfinden. [1]

Kommunikation und Bewusstsein sind zwar operativ getrennt, aber über strukturelle Kopplungen aufeinander angewiesen: Kein Bewusstsein ohne Kommunikation und keine Kommunikation ohne Bewusstsein. Beide scheinen sich „koevolutiv"[2] entwickelt zu haben, was sich insbe-

---

[1] Vgl. hierzu Luhmann, Niklas; Baecker, Dirk (2009): Einführung in die Systemtheorie. 5. Aufl. Heidelberg, S. 247 ff.

[2] Luhmann, Niklas; Baecker, Dirk (2009): Einführung in die Systemtheorie, S. 277.

sondere am Kopplungsmedium Sprache zeigen lässt.[3] Trotz aller koevolutiven bzw. koproduktiven Genese und aller strukturellen Kopplung von Kommunikation und Bewusstsein bleibt aber festzuhalten, dass beide Systeme operativ gesondert bzw. getrennt bleiben. Keine Kommunikation verfügt über Bewusstsein und kein Bewusstsein kann kommunizieren.

2. Träume gelten uns – um zunächst ungenau zu formulieren – als Operationen, Prozesse oder Ergebnisse von Bewusstsein. Träume finden demnach per definitionem ausschließlich bewusstseinsintern statt. Was das Bewusstsein von Träumen weiss, weiss es ausschließlich von sich selbst. Mit anderen Worten: Träume sind ein Ausdruck der Selbstreferenz des Bewusstseins.[4] In Träumen ist das Bewusstsein einzig und allein mit sich selbst beschäftigt. Damit gilt zugleich, dass Träume als Bewusstsein im Bewusstsein stattfinden und – auch nach dem Ende des Traums bzw. nach dem Aufwachen – dort verbleiben. Wie Bewusstsein überhaupt, so sind auch Träume nicht kommunikabel, wie jedermann wissen kann, der schon einmal damit begonnen hat, einen Traum zu erzählen.

---

[3] Vgl. Luhmann, Niklas; Baecker, Dirk (2009): Einführung in die Systemtheorie, S. 275 ff. Dabei scheint die Sprache eine Möglichkeit der Kopplung von Kommunikation und Bewusstsein zu sein, die jeweils unterschiedliche und das heißt: eigenständige Formbildungen im jeweiligen System hervorzubringen vermag.
[4] Zu den unterschiedlichen Formen der Selbstreferenz vgl. Luhmann, Niklas (2006): Soziale Systeme. Grundriß einer allgemeinen Theorie. 1. Aufl., [Nachdr.]. Frankfurt a. M., S. 600 ff.

Träume finden im nicht von Kommunikation perturbierten Bewusstsein statt. Sie vollziehen das operativ geschlossene Bewusstsein ohne sich durch strukturelle Kopplungen mit Kommunikation zu irritieren: Wenn sich das operativ geschlossene und von der Kommunikation getrennte Bewusstsein auch strukturell von der Kommunikation abkoppelt, vermag es zu träumen. Mit anderen Worten: Das Leben ist ein Traum, wenn man sich auf sein Bewusstsein beschränkt. Wenn dann in der Umwelt des Bewusstseins wieder Kommunikation auftritt, wacht man – im besten Falle – auf und der Traum zerfällt. Dabei tritt Kommunikation über Wahrnehmung an das Bewusstsein heran.

3. Es hat sich eingebürgert, Bewusstseinszustände bzw. Bewusstseinsoperationen nach Wachen und Schlafen zu unterscheiden. Man kann diese Unterscheidung so verstehen, als ob bestimmte Sinneseindrücke nur beim Wachen aufgenommen werden, beim Schlafen aber ausgeblendet werden. Diese Vorstellung reduzierter Sinneseindrücke beim Schlafen scheint aber sowohl für das Sehen und das Hören als auch für das Tasten und das Riechen nur graduell zuzutreffen, denn auch im Traum sieht, hört, fühlt und riecht man. Zugleich lässt sich feststellen, dass es sowohl Tag- als auch Nachtträume bzw. sowohl Wach- als auch Schlafträume gibt, wenn auch mit graduellen Unterschieden der Dauer, der Komplexität oder der Impression.

Wir ersetzen die Unterscheidung von Wachen und Schlafen daher durch die Unterscheidung von intern verbleibender und externalisierter Wahrnehmung des Bewusstseins. Mit anderen Worten: Das Bewusstsein träumt, wenn es seine intern berechneten Wahrnehmungen nicht externalisiert, und das Bewusstsein träumt nicht, wenn es seine intern berechneten Wahrnehmungen externalisiert. Wir unterscheiden also die beiden Formen bewusstseinsintern belassener und vom Bewusstsein externalisierter Wahrnehmungen.[5]

Diese Unterscheidung lässt sich auch mit der operativen Trennung sowie mit der strukturellen Kopplung von Bewusstsein und Kommunikation vereinbaren. Dann gilt: Wenn sich das Bewusstsein mit wahrgenommener Kommunikation koppelt und diese internen Berechnungen externalisiert, indem es etwa zuhört oder spricht, träumt es nicht. Im umgekehrten Falle träumt das Bewusstsein.

4. Träume mögen »Kommunikation« enthalten, aber das Bewusstsein kommuniziert, redet, schreit usw. im Traum »als ob«. Die Zuschreibung, dass im Traum kommuniziert werde, halten wir für eine äquivoke Bezeichnung, denn: Nur die Kommunikation kann kommunizieren[6], und dies

---

[5] Es mag hilfreich und weiterführend sein, wenn man die Unterscheidung von intern/extern auf der Seite »intern« wieder in sich eintreten lässt, wodurch das Auflösevermögen unseres Theorieansatzes nochmals gesteigert wird. Dann wäre zu formulieren: Träume können als die interne Externalisierung interner Berechnungen des Bewusstseins und Nicht-Träumen als die externe Externalisierung intern berechneter Zustände des Bewusstseins beschrieben werden.

[6] Vgl. Luhmann, Niklas (2007): Was ist Kommunikation? In: Luhmann, Niklas; Jahraus, Oliver (Hrsg.): Aufsätze und Reden. Stuttgart, S. 95.

erfordert aus Sicht des Bewusstseins eine strukturelle Kopplung mit Kommunikation und aus Sicht der Kommunikation wahrnehmbare Laute, aber vor allem: kommunikative Anschlüsse. Kommunikation muss wenigstens eine bestimmte, wenn auch noch so kurz bemessene Episode zwischen zwei unterschiedenen Zurechnungsstellen resp. Personen (an)dauern. Ein nächtlicher, aus dem Traum heraus erklingender Ruf nach der Geliebten ist noch keine Kommunikation.

Was geschieht also, wenn im Traum »kommuniziert« bzw. gesprochen wird? Derlei Momente des Traums lassen sich vermutlich am besten als bewusste (und *nicht* kommunikative) Formen im Medium der Sprache begreifen.[7]

5. Wenn wir Träume einzig dem Bewusstsein zuordnen, dann können wir noch einen Schritt weitergehen und sagen, dass Träume der »eigentliche« oder primäre Zustand des Bewusstseins sind. Diese Zuschreibung besagt: Wenn sich Bewusstsein nicht durch Kommunikation perturbieren bzw. irritieren lässt, verbleibt es bei sich selbst und träumt. Träume sind vollzogene Selbstreferenz von Bewusstsein und im Moment des Träumens wird diese Selbstreferenz durch keine Unterscheidung zerteilt. Erst, wenn der Träumer aufwacht (also interne Wahrnehmungen externalisiert), kommt Fremdreferenz als Außenseite zur Selbstreferenz hinzu. Träume selbst unterscheiden nur innerhalb der vollzogenen Selbstreferenz zwischen

---

[7] Vgl. etwa Luhmann, Niklas; Baecker, Dirk (2009): Einführung in die Systemtheorie, S. 225 ff.

Selbstreferenz und Fremdreferenz. Mit anderen Worten: Wenn wir das Bewusstsein als operativ geschlossenes und daher autopoietisches System begreifen, dann kopiert es seine operative Differenz von System/Umwelt als Unterscheidung von Selbstreferenz/Fremdreferenz in sich hinein. Träumen wäre dann der Wiedereintritt der Unterscheidung von Selbstreferenz und Fremdreferenz auf der Seite der Selbstreferenz, wobei wir es als offene Frage dahin gestellt sein lassen, (ob und) welche Unterscheidung sich auf der Seite der Selbstreferenz ergibt. Träumen wäre dann entweder eine differenzlose oder aber eine in sich unterschiedene Selbstreferenz der Selbstreferenz des Bewusstseins. Die in sich unterschiedene Selbstreferenz könnte mit der Unterscheidung von bewusst/unbewusst (oder: bewusst/unterbewusst) bezeichnet werden, sodass wir von bewusstem und unbewusstem Bewusstsein sprechen können. Träume(n) wäre dann der Vollzug der Unterscheidung bewusst/unbewusst auf der Seite der Selbstreferenz des Bewusstseins.

6. In diesem Kontext bewusstseinsinterner Unterscheidungen ist auf die Unterscheidung von bewusst/unbewusst einzugehen. Die kommunikativ vorliegende Unterscheidung von bewusst/unbewusst (oder: bewusst/unterbewusst) ist auf einfache Weise anhand der Form des Kalküls nach George Spencer-Brown zu beschreiben[8]: »bewusst« wäre demnach die Innenseite und »unbewusst« die Außenseite der Form. Die Einheit der Form

---

[8] Vgl. exemplarisch Vgl. hierzu Luhmann, Niklas; Baecker, Dirk (2009): Einführung in die Systemtheorie, S. 65 ff. sowie S. 75 ff.

wäre im Begriff »Bewusstsein« zu sehen. Man sieht dann schnell, dass die Unterscheidung bewusst/unbewusst eine (weder bewusste noch unbewusste) kommunikative Attribution im Hinblick auf Bewusstseinssysteme in der Umwelt der Kommunikation darstellt. Zugleich sieht man, dass diese Unterscheidung neben anderen möglichen Unterscheidungen zu stehen kommt, welche die Kommunikation an das Bewusstsein herantragen kann. So kann Bewusstsein beispielsweise als aufmerksam/unaufmerksam, schnell/langsam oder als schlau/dumm beobachtet werden.[9]

---

[9] An dieser Stelle verorten wir auch die Überlegungen zur Traumdeutung von Sigmund Freud. Seine Psychologie liegt als Kommunikation vor, die keinen direkten Zugriff oder Durchgriff auf Bewusstsein hat bzw. haben kann. Neu und interessant an Freuds Psychologie ist allerdings, dass er dem alten, mit sich identischen Ich eines Descartes (cogito ergo sum) eine Unterscheidung anträgt, ja aufzwingt: Das Ich kann und wird nach der Unterscheidung von bewusst/unbewusst aufgespalten — und dann sieht man, was man davon hat. Allerdings bleibt es dabei, dass die Unterscheidung von bewusst/unbewusst einzig und allein kommunikativ vorliegt, mit der sich dann auch das Bewusstsein beobachten und das heißt: sich von sich (selbst) unterscheiden kann. Zum Bezug von Niklas Luhmann auf Sigmund Freud vgl. exemplarisch Luhmann, Niklas; Baecker, Dirk (2009): Einführung in die Systemtheorie, S. 158; Luhmann, Niklas; Kieserling, André (2008): Die Politik der Gesellschaft. 1. Aufl., [Nachdr.]. Frankfurt a. M., S. 351, Fußnote 66; Luhmann, Niklas (2006): Soziale Systeme, S. 366, S. 457, Fußnote 161: „So in bezug auf Träume Freuds."; sowie S. 653; Luhmann, Niklas (1977): Funktion der Religion. Frankfurt a. M., S. 190, Fußnote 14. Siehe auch Fuchs, Peter (1989): Blindheit und Sicht: Vorüberlegungen zu einer Schemarevision. In: Luhmann, Niklas; Fuchs, Peter (Hrsg.): Reden und Schweigen. 1. Aufl., [Nachdr.]. Frankfurt a. M., S. 178-208, insbesondere S. 181 f. und S. 188 ff.

Wie aber stellt sich die Frage nach der Unterscheidung von bewusst/unbewusst für das Bewusstsein selbst dar? Kann das Bewusstsein nach bewusst/unbewusst unterscheiden? Man muss wohl sagen, dass das Bewusstsein im Vollzug (anhand der Trias bzw. des Dreischritts von Stimmung/Gedanke und Vorstellung[10]) nicht zwischen bewusst und unbewusst unterscheidet bzw. unterscheiden kann.[11] Es tut, was es tut. Es ist bewusst, obwohl und weil es sich dessen nicht bewusst ist.[12] Nichtsdestotrotz kann das Bewusstsein die Unterscheidung von bewusst/unbewusst im zeitlichen Rückgriff auf vorausliegende Operationen anwenden und seine Operationen als bewusst oder unbewusst attribuieren – allerdings unter dem Vorbehalt, dass genau diese Attribution sich nicht erneut nach bewusst/unbewusst unterscheiden kann.[13]

---

[10] Vgl. Fuchs, Peter (2012): Psyche. In: Wirth, Jan V.; Kleve, Heiko (Hrsg.): Lexikon des systemischen Arbeitens. Grundbegriffe der systemischen Praxis, Methodik und Theorie. Heidelberg, S. 317-320.

[11] Dies mag (auch) daran liegen, dass das Bewusstsein, so wie jedes andere System, superpositiv operiert, vgl. dazu Fuchs, Peter: Die konditionierte Koproduktion von Kommunikation und Bewußtsein. Online verfügbar unter www.fen.ch/texte/gast_fuchs_mensch.pdf, S. 17 (Aufruf am 19.02.2017).

[12] Dies scheint auch für die drei Momente einer basalen, einer prozessualen und einer reflexiven Selbstreferenz zu gelten, deren Unterscheidung sich nicht auf die Unterscheidung bewusst/unbewusst abbilden lässt; vgl. Luhmann, Niklas (2006): Soziale Systeme, S. 600 ff.

[13] Wir beschließen diese These mit einer ergänzenden, experimentellen Überlegung zu Möglichkeiten eines »Bewusstseins erster und zweiter Ordnung«. Ist eine solche Formulierung, in Analogie zur kommunikativen Beobachtung erster und zweiter Ordnung, auch für das Bewusstsein sinnvoll und möglich? Wir lassen dies hier als offene Frage stehen.

7. Träume treten offenbar zumeist (oder: ausschließlich) in Bildern auf. Mit dem Wort »Traumbild« greifen wir das oben erläuterte Schema von internen Wahrnehmungen des Bewusstseins in verkürzter Form auf. Traumbilder sind nicht-externalisierte und nicht-externalisierbare Wahrnehmungen des Bewusstseins. Dies kann in wachem oder in schlafendem Zustand geschehen; es geht hierbei einzig um die Externalisierung oder Nicht-Externalisierung der Bilder. Die vom Bewusstsein externalisierten Bilder ergeben die für das (jeweilige) Bewusstsein gültige (reale) Realität, die intern verbleibenden Bilder ergeben den Traum.

Traumbilder bringen die gleiche Problematik wie alle anderen Bilder mit sich, dass sie nicht als Kommunikation, sondern als Wahrnehmung auftreten. Dies bedeutet: Traumbilder – wie alle anderen Bilder auch – können nicht als Bezeichnungen aufgrund von Unterscheidungen (= Beobachtungen) gelten, sondern versetzen das Bewusstsein in ein selbsterzeugtes (inneres oder äußeres bzw. externalisiertes) Wahrnehmungskontinuum. Ein Bewusstseins- oder Wahrnehmungskontinuum ist dadurch ausgezeichnet, dass es nicht mit Negationen zu arbeiten vermag. Innerhalb eines solchen Kontinuums sind auch sich widersprechende Wahrnehmungen gültig und wirksam. Widersprüchliche Wahrnehmungen oder Traumbilder können daher als ko-plausibel bezeichnet werden. Sie können weder gegeneinander ausgespielt werden noch sich gegenseitig negieren. Sie funktionieren additiv. Traumbilder heben also per se Differenzen auf und verschwimmen in einem einheitlichen Kontinuum. Dies scheint unter anderem einer der Gründe dafür zu sein, dass Träume nicht (linear) in Kommunikation zu überführen sind.[14]

Hinzu kommt, dass Träume bzw. Traumbilder ereignishaft, ja momenthaft auftreten und (zumeist bereits) im Moment ihres Entstehens wieder vergehen. Sie sind nicht festzuhalten und insofern seitens des Bewusstseins nicht zu verfestigen, außer – als Kommunikation. Wenn Traumbilder aber kommunikativ gefasst werden, unterliegen sie anderen operativen Gegebenheiten und Strukturbildungen als denen des Bewusstseins. Erzählte Träume sind nicht die geträumten Träume und geträumte Träume lassen sich nicht erzählen. Was aber passiert, wenn Träume erzählt werden? Mögliche Antworten auf diese Frage beschäftigen uns in den folgenden Thesen.

8. Im Kontext von Kommunikation liegen Träume ausschließlich kommunikativ vor. Kein Bewusstsein kann innerhalb der Kommunikation operieren, kein Traum innerhalb der Kommunikation geträumt werden. Für die Kommunikation sind Träume stets erzählte Träume, sind externe Beobachtungen und Beschreibungen von Bewusstsein. Erzählte Träume sind Transformationen in einen anderen Operationsbereich: sie treten als Kommuni-

---

[14] An dieser Stelle wären Überlegungen zur Handhabung von Zeichen und Bildern seitens des Bewusstseins anzuschließen, vgl. dazu einerseits Luhmann, Niklas (2006): Soziale Systeme, S. 367 ff., andererseits wäre hier an Vorstellungen zu denken, die das Bewusstsein im Vollzug seiner dreiwertigen Operationen von Stimmung / Gedanke und Vorstellung ausbildet, vgl. Blanke, Eberhard (2014): Eine Theorie der Public Relations. Marburg, S. 29 sowie S. 45.

kationsofferten in die Sozialität ein. Bewusstsein wird in Kommunikation transformiert und dort anhand anderer Regeln behandelt. Obwohl also gilt, dass kein Traum kommunikabel ist, kann er nichtsdestotrotz erzählt werden, wird aber dadurch zu etwas anderem, nämlich zu Kommunikation, die auf eigene Weise konstruiert, was der Traum zuvor auf eigene Weise konstruiert hat. Der erzählte Traum ist die kommunikative Rekonstruktion der bewussten/unbewussten Konstruktion des Traums im Bewusstsein.

9. Weil sich Träume nicht so, wie sie stattgefunden haben, erzählen lassen, sind bereits Traumerzählungen als Traumdeutungen zu begreifen. Dadurch gewinnen wir einen gegenüber bisherigen Theorien vollständig anderen Zugriff auf Möglichkeiten der Deutung von Träumen. Bisherige Traumdeutungen waren davon ausgegangen, dass der sekundären Deutung eine primäre Traumerzählung zugrunde lag. Ob dabei die Erzählung für den Traum genommen wurde, konnte dahingestellt bleiben. In jedem Falle fand ein hermeneutisches Hin-und-her zwischen dem Traum bzw. der Traumerzählung und der darauf aufsattelnden Deutung statt.

Wir gehen stattdessen davon aus, dass der Traum unerreichbar im Bewusstsein verschlossen bleibt und jede Traumerzählung bereits eine Rekonstruktion des Traums mit Mitteln der Kommunikation darstellt. Das bedeutet: Genauso wie das Bewusstsein anhand von Träumen bestimmte Konstruktionen vornimmt, nehmen auch die Berichte und Erzählungen von Träumen kommunikativ basierte Konstruktionen vor. Im Kontext konstruktivistischer Theorien sind sowohl bewusste als auch kommunikative Konstruktionen als nicht zu umgehende Sinnkonstruktionen zu begreifen. Wir verstehen kommunikative Traumbeobachtungen bzw. -beschreibungen deshalb per se als Traumdeutungen. Einzig die im Traum präsente (innere) Wahrnehmung liegt den kommunikativen Traumdeutungen voraus. Da diese aber nicht kommunikabel ist, tritt kein Traum als Kommunikation auf, die dann noch gedeutet werden könnte oder müsste. Selbstverständlich können Traumerzählungen gedeutet werden, aber dann handelt es sich um Deutungen der Traumerzählungen und nicht der Träume.

Darüber hinaus könnte man sogar die für sich genommenen Träume bereits als bewusstseinsinterne Prozesse des (Selbst-) Verstehens von Bewusstsein bzw. genauer der (Selbst-) Vorstellung von Bewusstsein begreifen.

Erzählte Träume nehmen also eine zweifache Konstruktion vor: Sie (re-) konstruieren die Konstruktion des Bewusstseins bzw. des Traums und sie konstruieren die eigene, kommunikative Konstruktion.

10. Abschließend kehren wir noch einmal zur Unterscheidung von Wachen und Schlafen bzw. von Tag- und Nachtträumen zurück (siehe These 3). Wir hatten beide Unterscheidungen im Hinblick auf Bewusstsein in die Unterscheidung von intern oder extern verbleibender Wahrnehmung überführt.[15] Wenn aber die Unterschei-

---

[15] Bzw. in die Unterscheidung von intern externalisierter und extern externalisierter Wahrnehmung.

dung von Wachen und Schlafen im Hinblick auf Träume entfällt, können Träume in beiden »Zuständen« vorkommen, das heißt: Träume finden unabhängig vom Wachen oder Schlafen des Bewusstseins statt und man ist versucht zu fragen, inwiefern dann die genannten Externalisierungsoperationen (der Träume) überhaupt eine Differenz in das Bewusstsein einzutragen vermögen. Man könnte daher der Auffassung folgen, dass das Bewusstsein in jedem Falle träumt – und zugleich nicht träumt. Damit rekurrieren wir in paradoxer Formulierung auf das bekannte Diktum, dass das Leben ein Traum und der Traum das Leben sei.[16] Mit anderen Worten: Aus Sicht des Bewusstseins lässt sich nicht entscheiden, ob geträumt oder nicht geträumt wird. Vielmehr wird diese Unterscheidung als eine von der Kommunikation her importierte Unterscheidung erkennbar, die nur durch die Kommunikation zu realisieren ist. Die Attribution bzw. Entscheidung darüber, ob jemand (nun) träumt oder (eben) nicht träumt, ist folglich der Kommunikation bzw. den sozialen Verhältnissen zu überlassen, und aus Sicht des Bewusstseins ist dann natürlich sagen: leider, denn wie gerne würde das Bewusstsein zugleich träumen und nicht träumen, ohne sich gegenüber sozialen Systemreferenzen erklären zu müssen.

---

[16] Vgl. La Calderón de Barca, Pedro (2001): Das Leben ist ein Traum. Schauspiel in drei Akten. Mit einem Nachwort von Eugen Gürster. Stuttgart.

Eine phänomenologische Traumtheorie

I

Träumen ist Vergessen, denn die allermeisten Träume werden nicht erinnert. Wer aufwacht, mag sich erinnern, *dass* er geträumt, aber nur selten, *was* er geträumt hat. Der Traum ist vergessen.

Was man vergessen hat, kann nicht erinnert werden.[1] Träume wohnen im Vergessen. Es ist ein luftiges Schloss, über das manches Gewitter hinwegzieht. Im Moment des Blitzes und Donners ist das Gewitter gegenwärtig, um nur wenig später seine Gestalt verloren zu haben. Das Gewitter bleibt erinnert, nicht aber seine Gestalt.

Der Volksmund spricht »Träume sind Schäume«. Vermutlich sind damit zu allererst die eitlen Tagträume eines jungen Romantikers gemeint. Doch auch die nächtlichen Traumwelten vergehen wie aufgeschäumte Wasserwogen. Niemand kann sie festhalten oder vorzeigen.

Das tausendfache Blitzen und Donnern der Bewusstseinsneuronen ist weder anzuhalten noch aufzuhalten. Ein Traum ersetzt den anderen und der letzte Traum vor dem Erwachen entschwindet wie ein Lichtstrahl oder verhallt wie ein Ton.

In seinem Vergessen ähnelt das träumende dem wachen Bewusstsein. Beider Aufnahmevermögen ist begrenzt, sie (müssen) vergessen, um für etwas anderes, nächstes Platz

---

[1] Vgl. Luhmann, Niklas (2017): Zeit und Gedächtnis. In: Luhmann, Niklas: Die Kontrolle von Intransparenz. Hrsg. v. Dirk Baecker. Berlin, S. 65-95.

zu machen. Die psychischen Kapazitäten sind streng limitiert: es kann jeweils nur ein Gedanke, eine Stimmung oder eine Vorstellung erfolgen.

Vergessen ist aber nicht nur notwendig, sondern auch hilfreich. Da man nicht alles behalten kann, was man meint behalten zu müssen, scheint dem Vergessen eine bestimmte Aufgabe zugewiesen zu sein. Sie lautet: „Vergessen macht frei."[2]

Das Vergessen betrifft Traum- und Wachbewusstsein gleichermaßen und scheint ein grundlegendes, übergreifendes Merkmal zu sein, denn auch im Wachzustand weiß man nach wenigen Augenblicken nicht mehr, was man gedacht hat. In diesem Sinne sind Träume die Nachtgedanken des Bewusstseins.

Falls das Vergessene für das wache oder träumende Bewusstsein dann doch bedeutsam sein sollte, wird es wiederkommen. Das zeigen wiederkehrende Träume ebenso wie eingeschliffene Bewusstseinszustände bzw. Bewusstseinstätigkeiten.[3]

II

Träumen ist Wahrnehmen. Man sieht, allerdings nach innen, und gewahrt Bilder des Bewusstseins. Es sind Bilder ohne Leinwand. Sie schweben dreidimensional im Raum.

---

[2] Luhmann, Niklas (2004): Die Realität der Massenmedien. 3. Aufl. Wiesbaden, S. 193.

[3] An dieser Stelle mag man fragen, was es bedeutet, dass manche ihre Träume besser wiedergeben können als andere? Liegt dieses Können auf der Seite des träumenden oder des wachen Bewusstseins?

Traumbild folgt auf Traumbild, so als ob eine Szene in die andere überblendet wird. Auch Doppel- und Mehrfachbelichtungen kommen vor.

Das Bewusstsein kann nicht vermeiden wahrzunehmen. Wahrnehmungen lassen sich nicht negieren. Man kann wohl den Sinn einer Wahrnehmung, wenn er denn greifbar wird, ablehnen, aber die Bilder selbst kann man nicht abweisen. Sie sind kompakt und ununterscheidbar eins mit sich. Wo aber nicht unterschieden wird, kann auch nicht negiert werden. Träume sind pure Positivität.

Die wahrgenommenen Bilder unterscheiden sich allerdings in ihrer Eindrucksstärke voneinander. Manche sind impressiver als andere, wieder andere verschwinden eindruckslos.

In einem Traum vom 3. auf den 4. Januar 2021 sind mir folgende Bilder begegnet: Ich bin mit jemand anderem, es könnte mein Bruder mit einem seiner Kinder gewesen sein, auf einer Art Rikscha unterwegs.

Die Frau, die uns fährt, hat vorne bei sich Eiswaffeln, hinten bei uns steht der Eistopf, allerdings nahezu geschlossen, nur einige Eisreste hängen an den Seiten; ab und zu gibt sie uns ein Stück Waffel und wir können uns etwas Eis vom Behälter abgreifen.

Dann heißt es plötzlich: Es gibt Weihnachtsgans.

Der andere Mitfahrer stochert mit einem großen Messer in einem großen Bräter herum, um die Gans unter dem Reis zu finden; dabei befördert er zwei, drei Fische zutage, die im unzerstörten Zustand wie flach zusammengelegte Rauchschwalben aussehen.

Damit er sie nicht weiter beschädigt, fordere ich Ihn auf, die Stocherei sein zu lassen.

Äußere Wahrnehmung schließt nur das aus, was medial nicht erreichbar ist, zum Beispiel zu hohe oder zu tiefe Töne, Farben außerhalb des sichtbaren Spektrums usw. Medien der inneren Wahrnehmung sind Gedanken und Stimmungen, womit Nicht-Denkbares und Stimmungsloses ausgeschlossen sind.

Innerhalb der erreichbaren Medien aber wird quasi »formlos« wahrgenommen. Der Raum wird zum Kontinuum, das Kontinuum zum Raum — links kann in rechts übergehen und aus Oben kann Unten werden. Der Träumende gleitet wie schwerelos durch die Räume. Er steigt unbezwingbare Berge hinauf und wenn er in die Tiefe fällt ist dies wie ein überräumliches Schweben.

So gesehen ist die Form des Traums das Paradox des Raumes: innen ist (wie) außen und außen ist (wie) innen. Das Ununterschiedene ist unterschieden und das Unterschiedene ist ununterschieden.

Im Traum passen »die Dinge« zusammen, seien sie kausal oder kybernetisch konstruiert. Doch beim Diktat oder Notat danach zerbröseln die Traumbilder in zusammenhanglose Worte, die erst wieder in eine sinnhafte Folge gebracht werden müssen. Was vorher formlos stimmig war, zerfällt zu unstimmiger Form. Das weiche Wahrnehmungskontinuum wird zu harten Sätzen. Letztlich gilt, dass sich das vor dem inneren Auge Gesehene nicht beschreiben, nicht in Worte fassen lässt. Es wird mit den Worten etwas Anderes.

Die Wahrnehmungen können nicht in Kommunikation übertragen werden; die Kommunikation kommt den Eindrücken nicht hinterher. Im Vergleich mit den Wahrnehmungen des wachen Bewusstseins sind Traumbilder um ein Vielfaches komprimierter. Für das Erleben von Zeit stellt zum Beispiel Sigmund Freud fest, „daß der Traum in eine sehr kurze Spanne Zeit weit mehr Wahrnehmungsinhalt zu drängen vermag, als unsere psychische Tätigkeit im Wachen Denkinhalt bewältigen kann."[4]

In all dem sind Träume der Beweis für die Unterscheidung von Bewusstsein und Kommunikation. Das Bewusstsein kann Träume nicht negieren, die Kommunikation aber ist eine einzige Negation von Träumen.

Wenn die zu schreibenden Worte danach trachten, die gesehenen Bilder einzufangen, zertrümmern sie den einheitlichen Eindruck. Das verdichtete Traumbild zersplittert in tausend Bildsplitter.

Die Worte kommen auch dort nicht hinterher, wo die erträumten Bilder ins unendlich Kleine reichen. Das Kontinuum der Wahrnehmung verweigert sich den Formen der Kommunikation. Kein Traum ist sagbar.

Der Sinn ist jeweils ein anderer: tief verborgen und unbeobachtbar im Bewusstsein, flächig offensichtlich und beobachtbar in der Kommunikation. Keine Kommunikation kann diejenigen Vorstellungen wiedergeben, die sich im Bewusstsein auftürmen. Kein Sprechen kann das Sehen erreichen, denn die Bilder gehen unterschiedslos

---

[4] Freud, Sigmund (2000): Die Traumdeutung. Hrsg. von Alexander Mitscherlich, Angela Richards, James Strachey. Frankfurt a. M., S. 86.

ineinander über und verbinden sich zu einem Film. Worte hingegen setzen sich gegeneinander ab und ergeben nicht einmal eine Zeichnung. Allerdings bleiben die Worte, wenn die Bilder längst vergangen sind.

Während man noch am zweiten Halbsatz einer Traumnotiz schreibt, beginnen sich die Bilder schreckhaft in das Dunkel des eigenen Ichs zurückzuziehen. Sobald sie nur ein wenig vom Tageslicht berührt werden, verwehen sie in Ewigkeit. Die Halbwertszeit eines Traums ist kaum eine Satzsequenz lang.

Insgesamt wäre es vermutlich passender, Träume als *Bilder* wirken zu lassen und sie nicht in Worten aufzuschreiben, sondern sie zu malen oder filmisch aufzuzeichnen. Durch das Wort werden sie nicht nur zu etwas anderem, sondern verlieren auch ihren flüssigen Zusammenhang. Ihre Konsistenz zerbröselt wie Knäckebrot. Das ist insbesondere nach einer traumbeladenen Nacht der Fall.

Doch bleiben manche Traumbilder auch länger bewusst und stehen wie ein erlebtes Tagesereignis vor dem inneren Auge. Dann ist es leichthin möglich, sie dem Verlaufssinne nach aufzuschreiben, allerdings mit dem Zugeständnis der Transformation im Sinne einer μετάβασις εἰς ἄλλο γένος.

III

Erinnerte Traumbilder zeigen einen nur lockeren Zusammenhang. Die große Linie zerfällt in einzelne Szenen und Sequenzen, die während des Traums nahtlos ineinander übergingen, im Wachzustand aber kaum beieinander zu halten sind.

Träume sind, kommunikativ besehen, konfus. Sobald man sie linear erzählen möchte, werden einerseits unüberbrückbare Lücken und andererseits unentwirrbare Verflechtungen erkennbar. Wir treffen hier erneut auf die Sperre zwischen Bewusstsein und Kommunikation. Letztlich muss man sagen, dass ein Traum nach *bewusster* Rationalität, die sprachliche Notiz eines Traumes dagegen nach *unbewusster* Rationalität verläuft.

Die Übertragung eines Traums aus der Freiheit des Bewusstseins in das Regime der Kommunikation scheitert insbesondere an den geschmeidigen Metamorphosen der Traumbilder. Sie lösen sich, ineinander verschmiegt, übergangslos ab. Der Träumende durchschreitet einen lichten Raum und steht im nächsten Moment im dunklen Wald; er öffnet eine Tür und hat einen Stock in der Hand; er steht vor einem Publikum und sitzt zugleich in der letzten Reihe.

Die Personen, denen man im Traum begegnet, sind als bekannte erkennbar und sind doch andere, unbekannte. Dank ihrer fluiden Identitäten bleiben sie un- bzw. unterbestimmt. Es sind personifizierte Paradoxe. Der Bruder wird zum Nachbarn – doch er bleibt »derselbe«. Der Nachbar wird zum Handwerker und dieser wiederum zum Nachbarn. Die Metamorphosen der Personen zeigen deren morphologische Unbestimmtheiten.

Insgesamt scheinen Traumbilder durch zwei maßgebliche Koordinaten geprägt zu sein: durch Räume und Personen.

Zum einen sind es die *räumlichen* Empfindungen, die das Ich des Träumenden durchlebt. Sie sind vermutlich durch die körperlichen Bewegungen oder Erregungen verursacht, die im Schlaf zustande kommen.[5] Insofern erwirkt der Körper die nächtlichen Traumräume, die ebenfalls als Metamorphosen stattfinden. Offenbar fühlt sich der Körper im Schlaf anders an als im Wachen.

Allerdings ist fraglich, ob die räumlichen Empfindungen im Traum ausschließlich aus den körperlichen Zuständen und Veränderungen während des Schlafs resultieren oder ob es sich um Übernahmen aus dem Wachbewusstsein handelt. Vermutlich wird beides unauflöslich ineinander verwoben und untrennbar miteinander verarbeitet. Einen meiner bedeutsamen Raum-Träume habe ich seit vielen Jahren. Hier folgt eine Notiz von der Nacht des 14. auf den 15. April 2021:

> *Den überwiegenden Teil der Nacht bringe ich mit meinem Traum im Traum vom Abstieg in ein brunnenartiges Treppenhaus zu. Ich weiß momentan nicht, ob ich so etwas im Ansatz außerhalb des Traumes tatsächlich einmal erlebt habe, oder ob das Sujet einzig aus einem meiner Träume kommt. Vermutlich ist das letztere zutreffend.*

> *Das Ereignis besteht darin, dass ich einen sehr tiefen »Brunnen«, der zu einer steinernen Wendeltreppe ausgebaut ist, hinabsteige. Er reicht mindestens 100 Meter in die Tiefe hinab, oder mehr, es ist finstern, aber ich kann etwas sehen, es ist eine edle Wendeltreppe, die am unteren Ende einfach aufhört. Manchmal ist der Raum etwas*

---

[5] Vgl. beispielhaft Freud, Sigmund (2000): Die Traumdeutung, S. 48 ff. und S. 228 ff.

erweitert, in anderen Versionen steht am Füße der Treppe Wasser, aber das bleibt unklar. Offenbar ist das Ziel weniger bedeutsam als der Weg des Abstiegs.

Dieser Traum muss schon sehr alt sein, vielleicht stammt er aus meinen Lebensjahren um die 30.

In der heutigen Nacht ging es vor allem darum, den Einstieg zur Treppe zu finden und den versteckten Zugang zu öffnen. Es handelte sich um einen Deckel im hinteren Teil eines Hofes, den man abheben konnte; darunter kam eine Klappe zum Vorschein, die nur mit einem Code zu öffnen war. An dieser Stelle hat der Traum gestockt.

Bei einem zweiten Anlauf, nachdem ich zwischenzeitlich wach geworden war, kreiste der Traum um die Vorüberlegungen, was zu bedenken sei, um den Einstieg zu finden und zu öffnen. Dabei kamen drei Varianten in den Blick, die ich vergessen habe, die sich aber als Stufungen zueinander verhielten. Wie immer in solchen Fällen, gab es eine kleine, eine mittlere und eine große Lösung.

Manchmal bin ich in diesem Traum alleine, manchmal habe ich Begleiter oder leite jemanden in den Treppenbrunnen hinab. Es sind wechselnde Figuren; in der heutigen Nacht waren stets zwei oder drei Personen mit dabei.

Gegenüber den räumlichen Empfindungen bieten Träume kaum ein zeitliches Erleben an, und wenn, dann zumeist als räumliche Bewegung, sodass man entweder blitzschnell unterwegs ist oder aber einen vollkommenen Stillstand erlebt. Im letzteren Falle kommt man einfach nicht vom Fleck und im ersteren Falle rast man durch den Raum. Kurz: Die Zeit wird im Traum räumlich vergegenwärtigt.

Allerdings bleiben die Räume im Traum abstrakt. Es sind niemals echte Wege, Straßen, Bewegungen, Entfernungen usw. Es handelt sich um innerliche Räume, so wie man auch seine Gedanken räumlich erleben und durchstreifen oder wie man ein *Gefühl* von Räumen entwickeln kann. Traumräume sind introspektive Gefilde, sind Stimmungsräume. Natürliche Landschaften *als* Natur spielen kaum eine Rolle.

So sind die Räume im Traum vom eigenen Körper und vom träumenden Bewusstsein bestimmt. Es ist das eigene Ich, das eilt oder schleicht, das steigt oder fällt, das sich vor oder zurück bewegt, das geht oder schwebt, das fest haftet oder davonfliegt usw.

Zum anderen treten dem träumenden Bewusstsein bekannte und unbekannte *Personen* entgegen. Die Identifizierung der *bekannten* Personen erfolgt zumeist gefühlsmäßig, zusätzlich auch durch wiedererkennbare Formen des Gesichts oder der Gestalt, doch es geht dabei nicht um Einzelheiten, sondern um einen typischen Kompakteindruck bzw. einen kompakten Typeneindruck.

So in einem Traum vom 17. auf den 18. Januar 2022: Ich bin mit einer unbestimmten, älteren Frau [»Sammelperson« nach Sigmund Freud, s. u.] und ihrem Sohn zusammen. Sie wünscht sich für ihren Garten eine Vorrichtung aus Palettenholz, die sie als eine Art Garderobe beschreibt. Sie soll aus zwei Seiten bestehen, die gebogen aufeinander zulaufen, und an denen Haken angebracht sind. Auch elektrische Kabel sollen verlegt werden.

Ich bin sehr skeptisch und erläutere die Schwierigkeiten, die darauf hinauslaufen, dass es mir nicht unmöglich, dieses Ding zu bauen. Ich habe weder das Holz noch kann ich Elektrokabel, womöglich Starkstromkabel, verlegen usw.

Da sie mir nicht glaubt, gehen wir in den Garten, um die Sache genauer zu planen bzw. anzuschauen.

Bekannte Personen verschmelzen mehrheitlich mehrere Identitäten miteinander. Sigmund Freud nennt diese Hybride „Sammelperson[en]"[6]. Die Unschärfe der Personen mag auf die im Traum fehlende Kommunikation zurückzuführen sein und dem Bewusstsein haben sich die wach erlebten Personen offenbar nur weich eingeprägt.

Die *unbekannten* Personen wiederum verbleiben im Nebel des Ungewissen. Sie könnten als aus bekannten Personen »abgeleitet« begriffen werden, aber eine dafür passende Transformationsregel ist schwerlich zu finden.

IV

Jeder Traum ist ein Traum des »Ichs« bzw. des »Bewusstseins«, das sich im Traum selbst thematisiert. Das paradoxe Wesen »Ich/Mich« ist auch im nächtlichen Schlaf bei sich zuhause. Es gibt keinen Traum ohne *mein* Ich, keinen Traum, von dem *ich mich* absetzen kann. Es ist das *Ich*, das *sich* träumt.

Das träumende Ich ist sozusagen hyper-identisch mit sich, wohingegen das wachende Ich mit sich selbst uneins

---

[6] Sigmund Freud (2000): Traumdeutung, S. 294: Es entsteht eine „Sammelperson, indem ich aktuelle Züge zweier oder mehrerer Personen zu einem Traumbilde vereinige".

erscheint; es hat immer noch jemand anderes an seiner Seite und kann zwischen »I and me« unterscheiden.

In dieser Hinsicht sind das wache und das träumende Ich aus Sicht des wachen Ichs dasselbe, aus Sicht des träumenden aber nicht. Das wache Ich kennt beide (oder meint zumindest, beide zu kennen), das träumende Ich kennt nur sich.

In der Psychologie wurde die Frage nach der paradoxen Selbigkeit des einen »Ich« mit internen Unterscheidungen beantwortet. Bei Sigmund Freud wirken Unbewusstes, Vorbewusstes und Bewusstes in jeweils unterschiedlicher Weise am »Ich« mit, allerdings scheint das Unbewusste der Regent der anderen Ebenen zu sein, denn: „Das Unbewußte ist das eigentlich real Psychische"[7].

Wir bleiben hingegen bei der (einfachen) Einheit des – auch für sich selbst – unzugänglichen Bewusstseins. Es ist »dasselbe« des Tags und des Nachts, nur dass es in der Nacht nicht von der Kommunikation gestört wird. Dann kann es sich in aller Ruhe mit sich selbst befassen.

Wenn sich das Bewusstsein aber doch in sich selbst unterscheiden sollte, dann in zeitlicher Hinsicht. Es verschiebt sich in jedem Moment von einer Aktualität zur nächsten. Darin liegt unter anderem das für die Träume

---

[7] Freud, Sigmund (2000): Die Traumdeutung, S. 580. Die Aufteilung des Bewusstseins in drei »Ebenen« wirft allerdings die Frage nach dessen Einheit auf, die unbeantwortet bzw. unbeantwortbar zu bleiben scheint. Die hier *vorausgesetzte* Einheit des Bewusstseins führt stattdessen zur Frage, wie es dabei überhaupt zu welcher Art einer Ebeneneinteilung – welcher Art auch immer – es kommen kann.

und die Traumdeutung gewichtige Problem des Vergessens und Erinnerns begründet.

Das eine »Ich« lebt in gleitenden Identitäten und bringt seine Metamorphosen selbst hervor. Seine Einheit bleibt Unbestimmtheit. So wird das träumende Ich zum paradoxen Sinnsystem.

Doch das ist es auch als waches Bewusstsein, denn es kann sich selbst als solches beobachten und tritt damit in die Unterschiedenheit desselbigen auseinander. Dabei macht aber auch das (sich selbst beobachtende) Selbstbewusstsein nichts anderes als das beobachtete Bewusstsein: es arbeitet (als Bewusstsein) im Dreischritt von Gedanke, Stimmung und Vorstellung.[8]

V

Es ist das eigene »Ich«, das träumt. Von daher sind die Stoffe und Themen der Träume biografisch. Es kommen weder vorzeitliche noch urseelische Motive zum Tragen, sondern einzig die zur träumenden Einheit verwandelten Vorstellungen des Bewusstseins.

Die Traumbilder und deren Metamorphosen finden — gegenüber den als real empfundenen Wachbildern — nicht *im* Traum, sondern *als* Traum statt. Im Träumen begegnet

---

[8] Vgl. Fuchs, Peter (2012): Psyche. In: Wirth, Jan V.; Kleve, Heiko (Hrsg.): Lexikon des systemischen Arbeitens. Grundbegriffe der systemischen Praxis, Methodik und Theorie. Heidelberg, S. 317-320. Siehe auch Luhmann, Niklas (2008): Die Autopoiesis des Bewusstseins. In: Luhmann, Niklas (Hrsg.): Soziologische Aufklärung 6. Die Soziologie und der Mensch. Wiesbaden, S. 55-108, insbesondere S. 61 und S. 63.

sich das Bewusstsein darin, wie es dem »Leben da drau-
ßen« begegnet ist. Dazu gehören Sinneseindrücke aller
Art: fühlen, hören, riechen, schmecken und – gleichsam
allen voran – sehen. Solche Sinneseindrücke unterliegen
einer unberechenbaren Metamorphose, da das Bewusstsein sich nicht selbst berechnen kann. In alldem beziehen
sich Traumbilder nicht auf »real« Gesehenes, sondern auf
die Bilder des Bewusstseins vom »real« Gesehenen.

Im Traum wird allerdings nicht wirklich, das heißt äu-
ßerlich, gefühlt, gehört, gerochen, geschmeckt oder gesehen. Besonders am Hören wird dies daran deutlich,
dass eigentlich niemals Musik geträumt wird. Die Sinneseindrücke im Traum finden unsinnlich statt, erzeugen
aber die »gleichen« Gefühle wie im Wachsein, denn Gefühle sind stets unsinnlich und geben darin das Selbstver-
hältnis des Bewusstseins wieder.

> *Traum vom 15. auf den 16. März 2022: Ich muss durch
> einen sehr langen, geschlossenen (Tunnel-) Gang gehen,
> in dem es von Käfern und Motten und anderem, fliegen-
> den Getier wimmelt. Ich schließe Augen und Mund, es
> kribbelt überall, die Tiere dringen mir unter die Wäsche;
> auf dem Rückweg durch den Gang weiß ich schon, was
> mich erwartet und nehme die Sache gelassener. Jetzt bin
> ich vollkommen nackt.*

Traumerlebnisse sind Ergebnisse der ausschließlich be-
wusstseinsinternen Verarbeitung(en) von Sinneseindrü-
cken. Sie firmieren als »Eigenwerte« der selbstreferenti-

ellen Vollzüge des Bewusstseins[9] und jede Selbstreferenz bringt ihre eigene(n) Fremdreferenz(en) hervor.

Als »Material« für die Metamorphosen der äußeren Sinneseindrücke zu Traumbildern treten erneut die beiden Koordinaten aller Träume hervor: Räume und Personen. Die Räume des Traums hat das wache Ich bereits durchschritten und die Personen, denen es im Traumreich begegnet, zuvor bei Tageslicht gesehen. Es sind Räume und Personen aus dem wachen Leben – nun aber (ausschließlich) bewusstseinsintern verarbeitet.

Solche »Metamorphosen« sind Ergebnisse einer doppelten Selektion: Die bereits selektierte Komplexität der Sinneseindrücke wird im Traum erneut selektiert und bringt auf diese Weise eigene Kontingenzen hervor.

Mehr noch: Man muss sagen, dass das Bewusstsein nicht wissen kann, welches die »richtige« Gestalt der Dinge ist, ob jene im wachenden oder jene im träumenden Zustand – oder keine von beiden. Das Erleben der äußeren Dinge erscheint fest, das Erleben der inneren Dinge fluide –, aber das ist eine bewusstseinsinterne Unterscheidung, die sich an keinem »Ding« bewahrheiten lässt.[10]

In der Nacht vom 14. auf den 15. Januar 2022 habe ich folgenden Traum erlebt: Eine mir bekannte Frau hat Nä-

---

[9] Zu »Eigenwerten« vgl. Foerster, Heinz von (1993): Prinzipien der Selbstorganisation im sozialen und betriebswirtschaftlichen Bereich. In: Foerster, Heinz von; Schmidt, Siegfried J. (Hg.): Wissen und Gewissen. Versuch einer Brücke. Frankfurt a. M., S. 233-268.

[10] Vgl. allerdings die simpel-schlüssige Einsicht von Freud, Sigmund (2000): Die Traumdeutung, S. 81: „Da wir vom Traum nur durchs Bewußtsein etwas wissen."

gel eingekauft. Ich lege sie oben auf die Sonnenblende im
Auto. Von dort fallen sie herunter und liegen verteilt auf
dem Fußteppich im Auto. Bald wird daraus der Parkett-
Fußboden zuhause, so wie im Kinderzimmer meiner
Schwestern. Einzelne Nägelköpfe haben sich in das Holz
eingedrückt und entsprechende Einkerbungen hinterlas-
sen. Die Frau, ihr Mann und ich sammeln sie auf. Wir
legen sie in eine der typischen roten Plastikschalen für
Werkzeug-Kleinteile, außerdem in ein Glas, das in der
Autohalterung für Trinkgefäße steht.

Dann läuft ein kleines Mädchen zwei- bis dreimal schrei-
end vorbei. Ich will sie in die Arme nehmen, aber sie ver-
weigert sich. Sie trägt offenes, langes Haar.

Später braucht die Frau die Nägel für Arbeiten in ihrem
Zimmer, das noch nicht fertiggestellt ist.

In beiden Fällen zeigt das Bewusstsein seine eigene, von
der Kommunikation unabhängige Realitätskonstruktion
im Sinne der erwähnten Eigenwerte – und das ist die eigentliche Leistung des Traums.

Der Traum verarbeitet das eigene Handeln und Erle-
ben des Ichs und wird zum anderen eigenen Erleben und
Handeln. Es ist die Geschichte des Ichs, auf die sich der
Traum einen Reim macht. So kommt das Bewusstsein im
Traum zu sich; es kehrt bei sich zuhause ein.

VI

Meine Träume zeigen einzig mich. Sie zeigen mich in
meinem Ich bzw. mein Ich in meinem Mich.

Dieses selbstbezogene Eigenerleben wird vor allem an
der Stimmung erkennbar, die der Traum nach dem Auf-

wachen hinterlässt, gleichgültig, ob oder wie ich mich an seine Einzelheiten erinnere. Man könnte geradezu sagen, dass die vom Traum ausgehende Gestimmtheit des erwachten Bewusstseins die Realität des im Traum Erlebten beweist.

Die post-träumerische, post-somniale Stimmung bewegt sich zumeist zwischen zwei gegensätzlichen Polen, die nach leicht oder schwer, entlastend oder belastend, fröhlich oder traurig usw. unterschieden werden können. Verallgemeinert handelt es sich also um eine eher positive oder eine eher negative Stimmung.

> *So in der Nacht vom 16. auf den 17. Januar 2022: Ich wache um 00:55 Uhr mit einer sehr zufriedenen Stimmung aus einem Traum heraus auf. Ich habe mit irgendeinem Auto alles überholt und war auf einer der Runden schneller als gedacht und erlaubt.*

Mit anderen Worten: Auch wer seinen Traum nach dem Aufwachen *nicht* erinnert, dem bleibt doch für eine oftmals kürzere, manchmal auch längere Zeit eine Stimmung des Umgarnenden oder Abweisenden, der Zuneigung oder Abneigung, des Erfolgs oder Misserfolgs, des Guten oder Bösen zurück.

Daran ist abzulesen, dass Träume nicht zum Handeln, sondern Erleben gehören, das auch nach dem Aufwachen bestehen bleibt.[11] Hierin liegt vermutlich ihre eigentliche

---

[11] Zur Unterscheidung von Erleben und Handeln vgl. Luhmann, Niklas (1985): Sinn als Grundbegriff der Soziologie. In: Jürgen Habermas und Niklas Luhmann (Hrsg.): Theorie der Gesellschaft oder Sozialtechnologie — was leistet die Systemforschung? Frankfurt a. M., S. 75 ff.

Bedeutung. Insofern die Traumtätigkeit auf die endogene Unruhe des schlafenden Bewusstseins zurückgeführt werden kann, befeuert sie mit der von dort herüberfließenden Stimmung auch die Unruhe des wachen Bewusstseins. Träume sind sowohl retrospektive als auch prospektiv Stimmungsindikatoren.

Zur Traumdeutung von Sigmund Freud – I
Von der äußeren zur inneren Hermeneutik

Die Traumdeutung ist so alt wie das Träumen. Im Altertum wurde sie genutzt, um die traumvermittelten göttli-
chen Botschaften zu entschlüsseln. Im Laufe der Neuzeit
hat man die Träume auf das individuelle Seelenleben zurückgeführt. Als Abschluss dieser Entwicklung hat Sigmund Freud (1856-1939) mit seiner „Traumdeutung"[1]
den Versuch unternommen, Träume als Wunscherfüllungen mit dem (wachen) Seelenleben in Verbindung zu
bringen, um ihnen einen Platz in der individuellen Vergangenheit zuweisen zu können.

Sowohl das Altertum als auch die Neuzeit ringen um
eine adäquate Traumdeutung. Die Methoden dazu kommen von der »Hermeneutik« her – und auch die Traumdeutung erfordert eine Hermeneutik. Solch methodisier-
te Deutung wird notwendig, wenn der Sinn eines Textes
nicht unmittelbar einleuchtet. Da dies aber nirgendwo
der Fall ist, gerät alle Sinn(re)produktion in den Bann-
kreis der Hermeneutik. Sie ist dadurch zum umfassenden
Modell geworden, sinnhafte Verweise begreifen zu können. Ihren philosophischen Hochpunkt und Abschluss hat
sie mit Hans Georg Gadamer (1900-2002) gefunden.[2]

---

[1] Freud, Sigmund (2000): Die Traumdeutung. Hrsg. von Alexander
Mitscherlich, Angela Richards, James Strachey. Frankfurt a. M.
[2] Gadamer, Hans-Georg (2010): Gesammelte Werke. Band 1: Hermeneutik I: Wahrheit und Methode: Grundzüge einer philosophischen Hermeneutik. 7. Aufl. Tübingen.

1. Deutung religiöser Träume

Im Altertum wurden Träume als von außen kommend begriffen. Der Träumende war nicht selbst Regisseur, sondern Schauender seiner Träume. Ihre konstituierenden Merkmale bezogen sich auf Gott und auf die Zukunft. In diesem Sinne handelte es sich um eine doppelte Offenbarung: um eine von Gott her kommende sachliche und um eine auf die Zukunft ausgerichtete zeitliche Offenbarung. Schließlich konnten sie auch als soziale Offenbarung verstanden werden, insofern der Träumende auserwählt war, Gottes Hinweise für die Zukunft zu empfangen.

Nach Sigmund Freud haben Artemidor und Macrobius[3] die Träume ihrer Zeit in zwei Klassen eingeteilt, jene von der Gegenwart (oder Vergangenheit) beeinflussten und jene auf die Zukunft ausgerichteten. Zu den Zukunftsträumen gehören: „1) die direkte Weissagung, die man im Traume empfängt (χρηματισμος, *oraculum*), 2) das Voraussagen eines bevorstehenden Ereignisses (οραμα, *visio*), 3) der symbolische, der Auslegung bedürftige Traum (ονειρος, *somnium*).“[4]

Religiöse oder mantische Träume bedurften der Deutung, da sie zumeist in Bildern sprachen.[5] In den schrift-

---

[3] Es handelt sich vermutlich um Artemidor von Daldis, einen griechischen Traumdeuter zu Beginn des 2. Jahrhunderts n. Chr., sowie um Macrobius Ambrosius Theodosius (vermutlich um 385/390 - nach 430 n. Chr.), einen spätantiken römischen Philosophen und Grammatiker.

[4] Freud, Sigmund (2000): Die Traumdeutung, S. 31.

[5] Vielleicht ist das — weit später — künstlerische Schaffen von William Blake (1757-1827) ein passendes Beispiel.

lichen Überlieferungen traten die Traumberichte und die Traumdeutungen dann als *ein* Text auf.

Es ist davon auszugehen, dass die religiösen Träume in dem Sinne fingiert waren, als sie *für die Überlieferung* festgehalten und formuliert wurden. Insofern erschien die Frage nach der »Echtheit« als nachrangig. Es kam weniger auf die Wahrheit des Traums als auf die Wahrheit der Offenbarung (einer bestimmten) Zukunft an. Dazu konnten sowohl Nacht- als auch Tagträume dienen.

2. Deutung psychischer Träume

Spätestens mit Sigmund Freud werden Träume nicht länger als Offenbarungen (eines) Gottes, sondern als Offenlegungen der menschlichen Seele begriffen. Freud hat die Traumursachen von außen nach innen verlegt.[6]

Dabei bleibt es aber auch für Sigmund Freud unerlässlich, die Träume zu deuten. Man hätte stattdessen ebenso annehmen können, dass der Mensch seine psychischen Träume einfach begreifen würde, doch scheinen sie nun beinahe noch unklarer zu sein als die Gottesbotschaften.

Bei Sigmund Freud wird quasi der Gott zum Unbewussten bzw. das Unbewusste zum Gott. Die göttliche Offenbarung wird zur menschlichen Introspektion und die göttliche Offenbarung der Zukunft zur psychischen Offenbarung der Vergangenheit. Damit liegt der ent-

---

[6] Vgl. Freud, Sigmund (2000): Die Traumdeutung, S. 32: „Die vorwissenschaftliche Traumauffassung der Alten stand sicherlich im vollsten Einklange mit ihrer gesamten Weltanschauung, welche als Realität in die Außenwelt zu projizieren pflegte, was nur innerhalb des Seelenlebens Realität hatte."

scheidende Unterschied darin, dass die Träume nicht mehr auf die Zukunft, sondern auf die Vergangenheit referieren. Sie greifen vergangene psychische Erlebnisse auf und wandeln sie – insbesondere unter der Zensur des Bewussten – in undeutliche aber deutbare Bilder um.[7] Dabei sollen die Traumbilder bzw. die Bildersprache der Träume mehrheitlich aus der Kindheit des Träumenden resultieren, darüberhinaus aber auch aus der menschheitsgeschichtlichen Kindheit.[8]

Für Sigmund Freud gelten (alle) Träume als Wuncherfüllungen, die dem wachen Bewusstsein versagt wurden und nun nachträglich zu rekonstruieren sind.[9] Man muss diese Engführung einer psychischen bzw. psychologischen Traumdeutung nicht mitgehen, um doch sehen zu können, dass Freud sich mit seiner Traumdeutung in den Zusammenhang einer allgemeinen Hermeneutik stellt. Er hat die religiöse bzw. die philosophische durch eine psychologische Hermeneutik abgelöst. Die einst divinen Offenbarungen sind zu humanen Selbstbeschreibungen geworden.

---

[7] Vgl. Freud, Sigmund (2000): Die Traumdeutung, S. 29 und S. 38.

[8] Vgl. Freud, Sigmund (2000): Die Traumdeutung, S. 524: „Das Träumen sei im Ganzen ein Stück Regression zu den frühesten Verhältnissen des Träumers, ein Wiederbeleben seiner Kindheit, der in ihr herrschend gewesenen Triebregungen und verfügbar gewesenen Ausdrucksweisen. Hinter dieser individuellen Kindheit wird uns dann ein Einblick in die phylogenetische Kindheit, in die Entwicklung des Menschengeschlechts, versprochen, von der die des einzelnen tatsächlich eine abgekürzte, durch die zufälligen Lebensumstände beeinflußte Wiederholung ist."

[9] Freud, Sigmund (2000): Die Traumdeutung, S.175.

Damit kommt eine zweite, indirekt bereits angeklungene Veränderung ins Spiel. Die psychologische Traumdeutung versetzt den fremden, äußeren Traum ins Innere, aus dem heraus auch die Traum*deutung* erfolgen soll. Der Autor der Traumschilderung und der Traumdeutung ist folglich ein-und-derselbe. Bei den altertümlichen religiösen Träumen waren der Traum und dessen Deutung von zwei unterschiedenen Autoren verantwortet. Nun aber herrscht uneingeschränkte Selbstbezüglichkeit – und Sigmund Freud gibt in seiner Traumdeutung zahlreiche Beispiele dafür, indem er sowohl die Inhalte seiner Träume schildert als auch die Traumanalysen daran vornimmt.

3. Alte und neue Hermeneutik

Hermeneutik ist die Lehre von der Deutung. Sie findet im Medium »Sinn« statt.[10] Aufgrund der sinnhaft gegebenen Verweisungen, die ins Unendliche zeigen und von selbst keinen Abschluss finden, hat »die« Hermeneutik den Zirkel des Verstehens eingeführt, das heißt: Der infinite Regress der Sinnbestimmungen wird in sinnbestimmende Rekursionen überführt, die solange vollzogen werden, bis hinreichend Sinn gestiftet ist.

Auf diese Weise hat sich die alte Hermeneutik in ihren Sinnbestimmungen zu begrenzen gewusst, was unter anderem darauf zurückzuführen ist, dass die Texte als von »außen« gegeben begriffen wurden. Der zu deutende und

---

[10] Vgl. Luhmann, Niklas (1985): Sinn als Grundbegriff der Soziologie. In: Jürgen Habermas und Niklas Luhmann (Hrsg.): Theorie der Gesellschaft oder Sozialtechnologie – was leistet die Systemforschung? Frankfurt a. M., S. 25-100.

der deutende Text waren auf zwei Zurechnungsstellen, auf zwei Personen verteilt. Die Deutung bezog sich auf einen fremden Text, den es zu verstehen galt, und Verstehen kam als „Horizontverschmelzung"[11] zwischen Eigenem und Fremden zustande.

Sobald aber die zu deutenden Texte vom Hermeneuten selbst stammen, eröffnen sich endlose bzw. unendliche Deutungen. Das ist bei Sigmund Freud und seiner Traumdeutung der Fall.[12] Daher muss er, um zu einem ertragreichen Ergebnis seiner Deutungen zu kommen, die selbstreferentielle Schleife eigenmächtig, ja »künstlich« stoppen. Dafür nimmt er drei Methoden in Anspruch.

Im Hinblick auf die soziale Sinndimension unterteilt er die *eine* träumende Person in *zwei* Personenanteile, in das Unbewusste und das Bewusste. Diese Lösung entspricht derjenigen der alten Hermeneutik, die stets die Texte *anderer* gedeutet hat. Bei Freud ist das Unbewusste *der andere*.

Im Hinblick auf die zeitliche Sinndimension nimmt er das teleologische Prinzip der Wunscherfüllung zur Hilfe, auf den hin jeder Traum zu lesen bzw. zu deuten ist. Diese Kontextierung ersetzt ihm das, was in der alten Herme-

---

[11] Gadamer, Hans-Georg (2010): Gesammelte Werke. Band 1: Hermeneutik I: Wahrheit und Methode: Grundzüge einer philosophischen Hermeneutik. 7. Aufl. Tübingen, S. 383: „Im Vollzug des Verstehens geschieht eine wirkliche Horizontverschmelzung, die mit dem Entwurf des historischen Horizontes zugleich dessen Aufhebung vollbringt."
[12] Vgl. hierzu beispielhaft Freud, Sigmund (2000): Die Traumdeutung, S. 501 ff.

neutik die Intention des zu deutenden Textes bzw. Autors war.

Im Hinblick auf die sachliche Sinndimension unterstellt Sigmund Freud, dass jeder Traum wie ein Rebus aufgebaut ist. Ein Rebus aber ist endlich lösbar, insofern es (vollständig) in Klartext überführt werden kann. Als zusätzliche Bedingung für die Deutung eines Traum-Rebus' führt Freud ein, dass die Rebuszeichen einzeln, nicht aber als Gesamtbild zu deuten sind.[13]

An der Stelle des Rebus stand in der alten Hermeneutik die Kompatibilität der auf beiden Seiten der Deutung verwendeten Zeichen. In beiden Fällen bewegt sich die Hermeneutik im Reich der Zeichen, die Zeichen deuten, nicht aber in einem fiktiven Zwischenbereich von Dingen und Zeichen (res et verba).

Auf diese Weise verschafft sich Sigmund Freud drei Stoppregeln gegen einen infiniten Regress der Selbstdeutung. Diese Stopps kommen ihm, vergleichbar der alten Hermeneutik, »wie von außen« zu – und wenn die Traumdeutung auch dank dieser Hilfsmittel einmal nicht zu ihrem Abschluss kommen sollte, dann wird sie einfach beendet, weil entweder der Klient oder der Therapeut ermüdet ist.

Allerdings führen die Stoppregeln der Freudschen Hermeneutik kaum zum angestrebten Ziel. Zum einen deshalb, weil sich die Stoppregeln nahezu beliebig verschieben lassen, insofern sie einzig selbstreferentiell aufgebaut sind. Zum anderen deshalb, weil die Traumdeu-

---

[13] Vgl. Freud, Sigmund (2000): Die Traumdeutung, S. 280 f.

tung Freuds ohne verbindliche Methoden arbeitet. Diese methodische Beliebigkeit fußt auf der hermeneutischen Zentralperspektive einer generellen »Wunscherfüllung«, die jeder Traum darstellen (= bedeuten) soll. Da dieses *eine* Ziel der Deutung unverrückbar feststeht, sind die Mittel, es zu erreichen, frei gegeben.

Diese Freiheit schlägt bei Freud in ein nahezu »wildes« Assoziieren um, wonach »alles alles« bedeuten kann. Dafür steht beispielhaft die Deutung des eigenen, Freudschen Traumes vom Blumenbuch, die über mehrere Seiten »allen« erdenklichen Sinnverweisungen nachgeht.[14] Schließlich findet der Traumdeuter seine halbe Biografie in nur diesem einen Traum wieder.

Solche nahezu beliebigen Spielräume verwendet Freud auch im Bezug auf Träume als Rebus, deren Deutungen nicht aus eigenen Gründen zu einem Ende finden, sondern solange exploitiert werden, bis dem Generalziel »Wunscherfüllung« gedient ist. Und auch dann ist man noch nicht am Ende, sondern das Rebus wird weiteren, endlosen bzw. unendlichen Deutungen ausgesetzt. Es kommt immer noch etwas nach. Insofern löst Freud das Modell des Rebus' faktisch auf, denn bislang galt, dass es in direkter Weise in Klartext übertragen werden konnte.

Stattdessen aktiviert und aktualisiert die Traumdeutung Sigmund Freuds in jedem Moment die Unterschei-

---

[14] Siehe Freud, Sigmund (2000): Die Traumdeutung, S. 183 und S. 284 ff.

dung von marked und unmarked state.[15] Jede mögliche Markierung von Sinn wird durch das Kreuzen der Grenze zu einem anderen Sinn aufgehoben. Freuds Traumdeutung zelebriert das »crossing« vom bestimmten zum unbestimmten Sinn.[16] Was dann schließlich als bestimmter Sinn zurückbleibt, ist stets dasselbe: Wunscherfüllung, gleichgültig, um welchen Wunsch es sich dabei auch immer handelt.[17]

Die beliebige Bestimmung des methodisch hervorgerufenen Unbestimmten wird insbesondere an den Symbolen und Deutungen im Bereich sexuellen Sinns erkennbar.[18] Die Freudsche Traumdeutung setzt alle Symbole unter Sexualverdacht. So soll auch das Hinaufsteigen einer Leiter ein Symbol für den sexuellen Akt sein. Oder:

---

[15] Zur Unterscheidung von marked/unmarked state vgl. Blanke, Eberhard (2014): Systemtheoretische Einführung in die Theologie. Marburg, S. 24.

[16] Zum »crossing« als »Aufhebung« einer unterscheidenden Markierung (= »cancellation«) vgl. Spencer-Brown, George (1999): Laws of Form. Gesetze der Form. Übersetzt von Thomas Wolf. 2. Aufl. Lübeck, S. 5.

[17] Es kommt hinzu, dass seine Traumdeutung in der Regel nicht von schriftlichen Texten, sondern von mündlichen Berichten ausgeht, die zudem nur aus Wortbrocken oder Symbolfetzen bestehen können. Ein weiterer Vorschub für beliebige Deutungen ergibt sich aus der Unterscheidung von »Trauminhalt« und »Traumgedanken«. Der erzählte Traum stellt den Trauminhalt dar, dem durch Deutungen weitläufige Traumgedanken entlockt werden. Nach Freuds Angaben können die Traumgedanken bis zu zwölfmal so umfangreich sein wie der Trauminhalt, vgl. Freud, Sigmund (2000): Die Traumdeutung, S. 282. Auch dieser Zugang stimmt nicht mit dem Modell eines Rebus' überein, denn dort stehen der verschlüsselte und der entschlüsselte Text quasi in einer Eins-zu-ein-Relation zueinander.

[18] Vgl. Freud, Sigmund (2000): Die Traumdeutung, S. 345 ff.

„Von Kleidungsstücken ist der Hut einer Frau sehr häufig mit Sicherheit als Genitale, und zwar des Mannes, zu deuten."[19]

4. Selbstreferentielle Traumdeutung

Mit seinem Modell der Traumdeutung, bei der das zu Deutende und der Deutende auf ein-und-dieselbe Stelle bzw. Person zugerechnet werden, hat Sigmund Freud – offenbar allerdings ohne eigene Reflexion darauf – eine ausschließlich selbstreferentiell begründete Hermeneutik eingeführt.

Zuvor war das hermeneutische Bemühen darauf ausgerichtet, sowohl einen »fremden« Text als auch das »eigene« Selbst zu verstehen, bei Freud aber geht es ausschließlich darum, das »eigene« Selbst in Form eigener Träume, die erinnert und als Texte veräußerlicht werden, zu verstehen. Damit wird der Zirkel des Verstehens, der sich in der alten Hermeneutik zwischen einem fremden Text und dem eigenen Selbst abgespielt hat, auf eine Stelle zusammengezogen. Mit der Traumdeutung wird Verstehen ausschließlich zum Selbstverstehen, während die Hermeneutik der Altvorderen auf ein Fremd- und Selbstverstehen abgezielt hatte. Die frühere Formel »Selbstverstehen durch Fremdverstehen« bzw. »Fremdverstehen durch Selbstverstehen« ist zum »Selbstverstehen des Selbstverstehens« geworden.

In der klassischen Hermeneutik war die Deutung Mittel zum Zweck, um einen anderen Text zu verstehen. Das

---

[19] Vgl. Freud, Sigmund (2000): Die Traumdeutung, S. 349.

Verstehen vollzog sich als Einverständnis. Bei Sigmund Freud ist der Traum hingegen Mittel zum Zweck der Deutung. Die Deutung ist zum Selbstzweck geworden. Die Verkehrung von Mittel und Zweck tritt in den Worten Trauminhalt und Traumgedanken zutage.[20] Es geht Freud weniger darum, den Trauminhalt zu verstehen als vielmehr die daraus extrapolierten Traumgedanken in einen vergangenen Ablauf des wachen Bewusstseins einzuordnen. Seine Traumdeutung zielt nicht auf das Verstehen des Traums, sondern auf das Verstehen des wachen Bewusstseins ab, zu dem der Traum bloß Mittel ist.

Mit dieser Form der selbstreferentiellen Hermeneutik geht die Umstellung von seins- zu beobachterbezogenen Aussagen einher. Sigmund Freuds Traumdeutung bringt einen de-ontologisierenden Paradigmenwechsel mit sich. Gegenüber früheren Traumtheorien, nach denen Träume – abgesehen von religiösen Träumen, die bestimmte Vorhersagen mitteilten – als nicht deutungsfähig galten, war er der Auffassung: Träume sind deutbar.[21]

Damit begibt sich Sigmund Freud auf das Gebiet einer allgemeinen Hermeneutik, allerdings ohne dies selbst reflektiert zu haben. Folglich muss er einige unerlässliche Grundbedingungen einer jeden Hermeneutik intuitiv einspielen, da eine Traumdeutung »an sich« wenig Sinn machen würde.

Dazu gehört unter anderem die grundlegende Bedingung, dass ein Text innerhalb eines (vorab bestimmten) Kontextes zu deuten ist. Sigmund Freud definiert seinen

---

[20] Vgl. Freud, Sigmund (2000): Die Traumdeutung, S. 280 f.
[21] Vgl. Freud, Sigmund (2000): Die Traumdeutung, S. 117.

hermeneutischen Kontext anhand des (Letzt-)Bezugs auf das Unbewusste. Demnach sind alle seelischen Regungen auf ein zugrunde liegendes Unbewusstes zurückzuführen und darin einzubetten. Der Weg dorthin lässt sich am besten über das im Schlaf träumende Bewusstsein gehen, denn: *„Die Traumdeutung [...] ist die Via regia zur Kenntnis des Unbewußten im Seelenleben.“*[22]

Ergänzend setzt Sigmund Freud den engeren Kontext seelischer Wunschvorstellungen voraus, die er als maßgebliches Movens der menschlichen Psyche ansieht. Da aber zahlreiche Wunschvorstellungen in das Unbewusste verdrängt werden, müssen sie mithilfe deutender Erforschung ins Bewusste gehoben werden. Solche Bewusstmachung kann sowohl für gesunde als auch für kranke Seelen hilfreich sein. Im ersten Falle geht es um eine Form der Selbstfindung, im zweiten Falle um eine Form der Therapie.

Mit seiner Formel, dass Träume deutbar sind, reagiert Sigmund Freud offensichtlich auf einen Bedarf, den er einerseits dank der seelischen Dispositionen vorfindet und andererseits durch seine Theorie verstärkt. Wenn der Mensch von seinem Unbewussten regiert wird, dann möchte das Bewusstsein darüber Bescheid wissen, wie das geschieht. Folglich hoffen die Klienten, durch die Gespräche mit dem Therapeuten sich selbst besser kennen zu lernen oder vorhandene Probleme der Seele ablegen zu können.

Die analytischen Gespräche des Sigmund Freud imponieren auch deshalb, weil es sich eigentlich um Selbstge-

---

[22] Vgl. Freud, Sigmund (2000): Die Traumdeutung, S. 577.

spräche handelt. Das ins helle Licht des Bewusstseins gezogene Unbewusste gehört ja dem Klienten und nicht dem Analytiker. Der Therapeut hat daher ein einfaches Spiel, wenn er die Klienten in selbstreferentielle Zirkel hineinführt, aus denen sie nur durch eigene Kraft wieder herauskommen können.

Mit anderen Worten: Traumdeutungen finden stets genügend Abnehmer, insofern sie anhand sich selbst beobachtender Beobachter erfolgen. Und genau das ist der Fall. Dem Analytiker sind die Träume der Klienten gleichgültig, er kann nicht einmal wissen, ob die erzählten Träume tatsächlich geträumt wurden. Er bietet sich nur als Hermeneut an, der unbewusste Verbindungen, die dem Ratsuchenden mehr oder weniger einleuchten, offenzulegen hilft. Träume sind deutbar, solange es Klienten gibt; aber nicht alle müssen zu Klienten werden, um ihre Träume deuten zu können.

Träume sind deutbar für einen Beobachter, der sie deuten möchte – und das ist in der Regel der Träumende selbst. Umgekehrt mag ein Beobachter – wie beispielsweise Sigmund Freud – die Träume anderer deuten helfen, doch sie bleiben ihm ohne zusammenhängenden Sinn. Nicht zuletzt greift Freud daher auf eigene Träume zurück, die ihm den Sinn seiner Traumdeutungen zu bestätigen vermögen.

Mit seinem Schritt von einer fremdbezüglichen bzw. fremdreferentiellen zu einer selbstbezüglichen bzw. selbstreferentiellen Hermeneutik hat Sigmund Freud die bisherige Tradition auf den Kopf gestellt. Dieser Kopfstand entspricht dem Übergang von einer Beobachtung des Seins zum Sein des Beobachters. Er hat mit seiner Traumdeutung den historischen Wechsel von einer Seins-Ontologie zum Bewusstseins-Beobachter mit vollzogen und damit die Hermeneutik der Alten ad acta gelegt. Das lässt sich anhand der drei Sinndimensionen darstellen.

Freud hat die Unterscheidung von innen/außen aufgegeben, die die *sachliche* Sinndimension konstituiert. Dadurch erleidet sein hermeneutischer Zugang das Problem eines Referenzverlustes, was sich in der geschilderten Beliebigkeit der Traumdeutungen auswirkt. Es bleibt unbestimmt, auf welches operativ vorgängige System — Bewusstsein oder Kommunikation — sich die hermeneutischen Bemühungen beziehen. Letztlich entfällt bei Freud die Unterscheidung von Kommunikation und Bewusstsein und bringt seine Traumdeutung in ein unbestimmtes »Dazwischen« oder »Zugleich«.

In der *zeitlichen* Sinndimension verschiebt die Freudsche Hermeneutik den zu deutenden Text, der als Trauminhalt mündlich oder schriftlich vorliegt, in die Vergangenheit des Traums. Daher muss er die — bereits wiederholt genannte — Unterscheidung von Trauminhalt und Traumgedanken aufstellen. Die heraus-gedeuteten Traumgedanken werden in noch weiter zurückliegende Vergangenheiten des bewussten Erlebens verlegt.

In der bisherigen Hermeneutik galt die Reihenfolge, dass ein früherer Text von einem späteren Interpreten gedeutet wurde. Bei Freud stellt die »spätere« Deutung hingegen den früheren Text erst her. Die Zeitbezüge werden umgekehrt, sodass das Spätere als Früheres erscheint.

Die *soziale* Sinndimension erhält in Freuds Traumdeutung einen besonderen Stellenwert, insofern hier ein »alter« in Gestalt des Therapeuten und ein »ego« in Gestalt des Klienten an den hermeneutischen Bemühungen mitwirken.

Die bisherige Hermeneutik bezog sich auf einen in sich abgeschlossenen Text, bei Freud aber nimmt das unabgeschlossene Interaktionssystem der beiden Beteiligten die Deutung vor. Dabei kommt es zu dem für soziale Sinnsysteme üblichen Unbestimmtheitsgenerator der doppelten Kontingenz. Doppelte Kontingenz liegt immer dann vor, wenn ein »alter« und ein »ego« ihr eigenes Verhalten vom Verhalten des jeweils anderen abhängig machen. Im abstrakten Sinne führt die doppelte Kontingenz zur Blockade der Interaktion, die in realen Situationen allerdings durch einen kontingenten ersten Schritt von »alter« oder »ego« durchbrochen wird.

Im Falle der Traumdeutung, bei der zwei »Personen« – hier begriffen als Zurechnungsstellen für Kommunikation – beteiligt sind, erwirkt die doppelte Kontingenz letztlich ein *über* der Hermeneutik liegendes soziales System, das eine eigene Dynamik der Deutung abseits des zu deutenden Traums hervorruft. Die Freudsche Traumdeutung bringt folglich das soziale System von Klient und Therapeut ins Spiel, wo früher ein in sich unruhiger Leser einem in sich ruhenden Text gegenübersaß.

Die selbstreferentiell modellierte Traumdeutung Sigmund Freuds führt letztlich zu einer Herrschaft des Deutenden über den Text und nicht des Textes über den Deutenden. Sigmund Freud aber inauguriert sich als Meister aller Deutungen.

Dabei kann man wissen, dass Deutungen von Träumen, also Texte über Texte, erneut Texte sind, die gedeutet werden können. Kurzum: Es gibt keine letzte Deutung – und so verläuft sich die Traumdeutung Freuds letztlich ins Unendliche. Seine Traumdeutungen sind nur neue, andere Texte im unendlichen Strom der Sinnverweisungen und ein Ende wäre nur zu erreichen, wenn mit den Deutungen aufgehört werden würde.

Zur Traumdeutung von Sigmund Freud – II
Ideologisierte Wunscherfüllung

1. Träume sind deutbar

Die leitende These Sigmund Freuds lautet, dass Träume gedeutet werden können.[1] Ihrer manifesten Gestalt liegt ein latenter psychischer Sinn zugrunde, der durch eine Traumanalyse und -deutung zu erheben ist. Damit weicht Freud von seinen Vorgängern ab, die gemeint hatten, dass Träume entweder religiös bzw. symbolisch zu deuten seien oder (aber) genau *das* bedeuten, *was* sie zeigen: die autarke Tätigkeit des schlafenden Bewusstseins.

Freud unterlegt folglich allen Träumen eine Zweitschrift, die davon berichtet, dass sie tatsächlich eine spezifische Bedeutung haben, insofern sie einen früheren Bewusstseinseindruck verarbeiten und darin eine versteckte Botschaft übermitteln. Träume sind Boten des wahren Ich.

2. Träume sind Wunscherfüllungen

Sigmund Freud liest alle Träume als Wunscherfüllungen: *„Der Traum ist die (verkleidete) Erfüllung eines (unterdrückten, verdrängten) Wunsches."*[2] Um dem verdrängten Wunsch auf

---

[1] Vgl. Freud, Sigmund (2000): Die Traumdeutung. Hrsg. von Alexander Mitscherlich, Angela Richards, James Strachey. Frankfurt a. M., S. 117 f. Die Erstausgabe erschien 1899 und wurde in den Folgejahren mehrmals überarbeitet.

[2] Freud, Sigmund (2000): Die Traumdeutung, S. 175 f. Siehe zudem, ebd., S. 141 f. und S. 269.

die Schliche zu kommen, unterscheidet Freud zwischen dem vom Klienten berichteten »Trauminhalt« und den im Therapeutengespräch erhobenen »Traumgedanken«. Der Trauminhalt stellt die erinnerten Bilder und Szenen dar, die Traumgedanken beziehen sich auf die im Traumgewand verkleideten früheren Bewusstseinseindrücke.

3. Träume und Widerstände

Eine der maßgeblichen Voraussetzungen für die Traumdeutung Sigmund Freuds ist mit dem Wort »Widerstand« bezeichnet. Damit ist eine psychische Gegenkraft gemeint, die in allen Phasen der Entstehung und der Deutung von Träumen auftritt.

Das Traummaterial – im Sinne der Traumgedanken – entsteht im wachen Bewusstsein, zum Beispiel durch impressives Erleben oder expressives Wünschen, wird aber vielfach in das Unbewusste verdrängt.

Träume greifen dann auf das ins Unbewusste verdrängte Material zurück und stellen es – im Sinne des Trauminhalts – in verschlüsselter Weise dar, wenn sie denn den Widerstand der Unterdrückung überwinden können. Insgesamt erscheint es eher als unwahrscheinlich, dass überhaupt geträumt wird. Die Frage, wie es trotz des Widerstands des Bewusstseins (gegen das Träumen) zum Träumen kommen kann, beantwortet Freud mit Verweis auf den Schlaf: „Die beschreibende Psychologie lehrt uns ja, daß die Hauptbedingung der Traumbildung der Schlafzustand der Seele ist; wir könnten nun die

Erklärung hinzufügen: *der Schlafzustand ermöglicht die Traumbildung, indem er die endopsychische Zensur herabsetzt.*"[3]

Bei erfolgtem Traum treten sodann Widerstände gegen das Erinnern bzw. gegen eine »adäquate« Darstellung des Traums auf, es findet eine Art Traumzensur „gegen das Durchdringen der Traumgedanken zum Bewußtsein"[4] statt. Dazu gehört an erster Stelle das Vergessen des Traums, das zugleich dessen Wichtigkeit belegt, denn Vergessen ist, laut Sigmund Freud, ein Teil der Unterdrückung der unbewussten Inhalte.[5] Das Vergessen der Träume ist immer Folge eines Widerstands gegen das Emporkommen unterdrückter Wunschvorstellungen.[6]

Auch eine »unrichtige« Darstellung des Traums ist durch psychischen Widerstand bedingt. So kommt es dazu, „daß wir den Traum beim Versuch der Reprodukti-

---

[3] Freud, Sigmund (2000): Die Traumdeutung, S. 503.
[4] Freud, Sigmund (2000): Die Traumdeutung, S. 494.
[5] Freud, Sigmund (2000): Die Traumdeutung, S. 491.
[6] Freud, Sigmund (2000): Die Traumdeutung, S. 498.

on entstellen"[7]. Allerdings ist diese Entstellung nicht willkürlich, sondern der Traumzensur geschuldet und die ungenügende Darstellung des Traums kann als Teil seiner Bearbeitung bzw. Deutung herangezogen werden. Die Freudsche Formel dafür lautet, dass das, was in der Darstellung ausfällt, durch anderes ersetzt wird. Es findet eine Ersatz-Besetzung statt. Wir zitieren:

> „Ich verlange darum bei der Analyse eines Traums, daß man sich von der ganzen Skala der Sicherheitsschätzung frei mache, die leiseste Möglichkeit, daß etwa der oder jener im Traum vorgekommen sei, behandle wie die volle Gewißheit. Solange jemand bei der Verfolgung eines Traumelements sich nicht zum Verzicht auf diese Rücksicht entschlossen, so lange stockt hier die Analyse. Die Geringschätzung für das betreffende Element hat bei dem Analysier-

---

[7] Freud, Sigmund (2000): Die Traumdeutung, S. 493. Vgl. ebd., S. 494: „Der Zweifel an der richtigen Wiedergabe des Traums oder einzelner Traumdaten ist wieder nur Abkömmling der Traumzensur, des Widerstands gegen das Durchdringen der Traumgedanken zum Bewußtsein. Dieser Widerstand hat sich mit den von ihm durchgesetzten Verschiebungen und Ersetzungen nicht immer erschöpft, er heftet sich dann noch an das Durchgelassene als Zweifel. Wir verkennen diesen Zweifel umso leichter, als er die Vorsicht gebraucht, niemals intensive Elemente des Traums anzugreifen, sondern bloß schwache und undeutliche. Wir wissen aber jetzt bereits, daß zwischen Traumgedanken und Traum eine völlige Umwertung aller psychischen Werte stattgefunden hat [...]; die Entstellung war nur möglich durch Wertentziehung, sie äußert sich regelmäßig darin und begnügt sich gelegentlich damit. Wenn zu einem undeutlichen Element des Trauminhalts noch der Zweifel hinzutritt, so können wir, dem Fingerzeige folgend, in diesem einen direkten Abkömmling eines der verfemten Traumgedanken erkennen."

ten die psychische Wirkung, daß ihm von den un-
gewollten Vorstellungen hinter demselben nichts
einfallen will. Solche Wirkung ist eigentlich nicht
selbstverständlich; es wäre nicht widersinnig,
wenn jemand sagte: Ob dies oder jenes im Traume
enthalten war, weiß ich nicht sicher; es fällt mir
aber dazu folgendes ein. Niemals sagt er so, und
gerade diese die Analyse störende Wirkung des
Zweifels läßt ihn als einen Abkömmling und als ein
Werkzeug des psychischen Widerstands entlarven.
Die Psychoanalyse ist mit Recht mißtrauisch. Eine
ihrer Regeln lautet: *Was immer die Fortsetzung der
Arbeit stört, ist ein Widerstand.*"[8]

Schließlich arbeitet des Bewusstsein gegen die unterdrückten, aber im Traum emporkommenden Wunschvorstellungen bzw. Wunscherfüllungen derart stark an, dass
sie in ihr Gegenteil verkehrt werden (können). Freud
macht dies unter anderem am Traum über den Tod eines
geliebten Menschen deutlich, den ja niemand ernsthaft
wünschen kann. Ihm gilt ein solcher Traum dennoch als
Wunscherfüllung:

> „Erstens gibt es keinen Wunsch, von dem wir uns
> ferner glauben; wir meinen, das zu wünschen
> könnte »uns auch im Traume nicht einfallen«, und
> darum ist die Traumzensur gegen dieses Ungeheu-
> erliche nicht gerüstet"[9].

In diesem Zusammenhang schildert Freud, wie eine Kli-
entin seine Theorie des Traums als Wunscherfüllung wi-

---

[8] Freud, Sigmund (2000): Die Traumdeutung, S. 495.
[9] Freud, Sigmund (2000): Die Traumdeutung, S. 270.

derlegen wollte, und ihm zum Beweis einen für sie unglaublichen Traum über den Tod eines geliebten Menschen erzählte. Der Therapeut konterte mit dem, was wir im nächsten Abschnitt als »Ideologisierung« seiner Traumanalyse bzw. -deutung bezeichnen (müssen). Er hielt der Frau entgegen, dass ihr Traum eben die Wunscherfüllung darstelle, die Theorie des Therapeuten Sigmund Freud zu widerlegen.

Auf diese Weise schließt sich der Argumentationskreis zu den psychischen Widerständen gegen die Traumbildung, die Traumdarstellung und die Traumdeutung. Freud vermag es, seine These des Traums als Wunscherfüllung hermetisch abzusichern, indem er sowohl die Widerstände als auch die Widerstände gegen die Widerstände ins Kalkül zieht. Mit anderen Worten: Die Traumtheorie bzw. -deutung Freuds wird an dieser Stelle ideologisch, insofern auch das Gegenteil einer These eben diese These beweist bzw. eine Anschauung auch durch ihr Gegenteil gestützt wird.

Die ideologischen bzw. ideologisierenden Möglichkeiten der Freudschen Traumdeutung liegen in der Unterscheidung von latent und manifest begründet.[10] Demnach sind psychischen Realitäten sowohl manifeste als auch latente Sinngehalte zu eigen. Die Traumdeutung beabsichtigt, die latenten Sinngehalte hinter den manifesten Sinngehalten zu erheben – und Sigmund Freud gibt sich als deren Beobachter.

Allerdings tritt damit das unlösbare Problem auf, dass latenter Sinn nicht ohne manifesten Sinn gewusst werden

---

[10] Freud, Sigmund (2000): Die Traumdeutung, S. 187.

kann. Doch genau dies behauptet Freud in seiner Traum-theorie, indem er immer noch weiteren und anderen la-tenten Sinn hinter dem manifesten Sinn unterstellt, den es zu heben gilt. Dabei leitet ihn die Annahme, dass der latente der »eigentliche« Sinn sei. Er setzt also die Unter-scheidungen latent/manifest und eigentlich/uneigentlich gleich.

Wer aber disponiert über die Unterscheidung latent/manifest? Und gibt es ein »natürliches« Ende der Entlar-vung des Latenten? Offenbar nicht, außer dann, wenn der Therapeut meint, dass der Klient meinen könnte, dass »aller« verborgene Sinn offenbar geworden sei – doch ein letzter Verdacht, dass etwas verborgen geblieben ist, bleibt immer.

Mit der Unterscheidung von latent/manifest hat Freud diejenige Formel gefunden, mit der er jegliche Kritik an seiner Traumtheorie und -deutung auf latente Sinngehalte zurückführen kann. So gesehen schließt sich seine Traum-analyse in doppelter Weise: Die Analyse des Latenten kann auch auf denjenigen angewendet werden, der sie ablehnt, insofern seine Ablehnung auf verborgene Beweg-gründe hin gedeutet werden kann. Dem Beobachter, der mit der Unterscheidung latent/manifest vorgeht, entkommt niemand — und Freuds Traumtheorie wird zur Ideologie.[11]

4. Bewusstsein und Kommunikation

Sigmund Freud gebraucht die Unterscheidung von latent/manifest mit Bezug auf das Bewusstsein. Ergänzend unterteilt er das Bewusstsein in ein latentes Unbewusstes und ein manifestes Bewusstes, die durch das Vorbewusste, als einer bewusstseinsfähigen Seite des Unbewussten, indirekt miteinander verbunden sind.

Über die Art und Weise, wie sich Bewusstsein und Kommunikation unterscheiden bzw. aufeinander beziehen, äußert sich Freud nicht[12]; darin aber liegt das

---

[11] Der Schritt zur Ideologie als einer sich sowohl durch Zustimmung als auch durch Ablehnung bestätigenden Theorie verbindet sich offenbar mit Unterscheidungen, die einer zweiwertigen Logik folgen. Das mag daran liegen, dass eine Selbstbeobachtung der jeweiligen Unterscheidung im Sinne eines Wiedereintritts dieser Unterscheidung in sich selbst (re-entry) unterbleibt. Zum Begriff der Ideologie als interessengeleiteter Erkenntnis vgl. Luhmann, Niklas (2009): Wahrheit und Ideologie. In: Niklas Luhmann: Soziologische Aufklärung 1. Aufsätze zur Theorie sozialer Systeme. 8. Aufl. Wiesbaden, S. 68-82; sowie Luhmann, Niklas (2004): Gesellschaftliche Struktur und semantische Tradition. In: Niklas Luhmann (Hg.): Gesellschaftsstruktur und Semantik. Studien zur Wissenssoziologie der modernen Gesellschaft. Band 1. 1. Aufl., [Nachdr.]. Frankfurt a. M., S. 56: „Als Ideologie versucht man dagegen Wissen oder Meinen zu erfassen, soweit es von einer »zweiten Realität«, nämlich der sozialen Situation des Subjektes, abhängig ist. [...] im Falle der Ideologisierung [wird] auf Relationierung der Erkenntnisrelation hin gearbeitet."
[12] Einzig seine Unterscheidung einer Innen- und einer Außenwelt (des Bewusstseins), die allerdings unbestimmt bleibt, bildet hier eine Ausnahme, vgl. Freud, Sigmund (2000): Die Traumdeutung, S. 75.

Hauptproblem seiner Traumtheorie, insofern sich seine leitende Unterscheidung von latent/manifest auf das Bewusstsein beziehen soll, sie faktisch aber kommunikativ vollzogen wird. Folglich oszilliert der Bezug der Unterscheidung von latent/manifest unkontrolliert bzw. unkontrollierbar zwischen Bewusstsein und Kommunikation hin und her. Mit anderen Worten: Alles, was Freud über das Bewusstsein sagt (und sagen kann), geschieht kommunikativ – aber diesen Schritt in einen vom Bewusstsein unterschiedenen Systemzusammenhang hinein thematisiert er nicht.[13]

Doch die Unterscheidung von latent/manifest ist für das Bewusstsein und für die Kommunikation jeweils etwas anderes. Im Grundsatz könnte man zudem Bewusstsein mit latent und Kommunikation mit manifest gleichsetzen, zumal dann, wenn Kommunikation im Gegenüber zu Bewusstsein als soziale Operation begriffen wird. Manifest kann aber nur das sein, was sozial – und mithin: kommunikativ – erreichbar ist.

Der Ideologieverdacht gegenüber der Traumdeutung von Sigmund Freud gewinnt an dieser Stelle ihre Hauptnahrung, da sich der Therapeut Freud als nicht-greifbarer Beobachter installiert. Er kann in jedem Moment der Kommunikation zwischen latentem Bewusstsein oder latenter Kommunikation hin und her wechseln. Damit gerät seine Traumdeutung in ein anti-aufklärerisches

---

[13] Vgl. grundlegend Luhmann, Niklas (2008): Wie ist Bewußtsein an Kommunikation beteiligt? Soziologische Aufklärung 6. Die Soziologie und der Mensch. 3. Aufl. Wiesbaden, S. 38-54.

Fahrwasser, zumal er jegliche Kritik daran in Affirmation umzumünzen versteht.[14]

Mehr noch: Sigmund Freud beansprucht, den jeweils wahren, eigentlichen Sinn eines Traumes zu wissen. Seine Prämisse, dass jeder Traum eine Wunscherfüllung darstellt, wird schließlich zur self-fulfilling prophecy. In diesem Sinne entlarvt er alles, auch wenn keine Larve vorhanden ist.

Mit anderen Worten: Sigmund Freuds Traumtheorie kann – historisch eingeordnet – als eine der finalen Ideologien des 19. Jahrhunderts begriffen werden, eines Jahrhunderts der Verdächtigungen im Wechselspiel manifest auftretender und darin widerstreitender Interessen. So gesehen ist seine Traumdeutung als Dokumentation eines historisch überwundenen Erkenntniswegs in die Fachliteratur eingegangen.

---

[14] Zur Unterscheidung von kritisch und affirmativ vgl. Luhmann, Niklas (2004): Die Realität der Massenmedien. 3. Aufl. Wiesbaden, S. 213.

Zum Autor: Dr. Eberhard Blanke, Theologe und Kommunikations-
manager; Publikationen zu Kommunikationskampagnen und Public
Relations, zum Thema Beratung, zum Verhältnis von Theologie und
Systemtheorie sowie zur Biografie von Niklas Luhmann.